BAUSTEINE

Übungsheft 4

W0407160

Neubearbeitung

Erarbeitet von
Björn Bauch, Ulrike Dirzus, Matthias Greven,
Gabriele Hinze, Susan Krull,
Luitgard Schell und Hans-Peter Schmidt

Unter Beratung von
Rosie Mester

Diesterweg

INHALT

SPRACHEN VERSTEHEN

Pierrot räumt auf

Checkliste
- Jeans
- Sweatshirt
- T-Shirt
- Shorts
- Inliner
- Volleyball
- Tennisschläger
- Surfbrett
- Comic
- Laptop
- Campingkocher
- Baguette
- Bonbontüte
- Jogurt
- Chips

____

____

1 Welche Gegenstände hat Pierrot hinausgeworfen? Schreibe sie auf.

____

____

2 Vergleiche mit der Checkliste. Schreibe auf, was übrig bleibt.

tragbarer Computer ______________________

Wassersportgerät ______________________

kurze Hosen ______________________

leichtes Hemd ______________________

säuerliches Milchprodukt ______________________

Weißbrot ______________________

Bildergeschichte ______________________

Knabbergebäck ______________________

3 Schreibe die passenden Fremdwörter zu den Erklärungen.

Schnappschüsse

eine Taucherbrille.

über Pierrot.

ein Quiesel-Eis.

Vor der Theke

Geld in den Brunnen.

die Münzen.

1 Vervollständige die Sätze. Füge immer Subjekt und Prädikat ein.

2 Unterstreiche in jedem Satz das Subjekt schwarz und das Prädikat rot.

3 Stelle die Satzglieder um. Schreibe die Sätze mit den richtigen Satzzeichen auf.

4 Unterstreiche in jedem Satz das Subjekt schwarz und das Prädikat rot.

Sprachakrobaten

1 Trenne die Wörter auf dem Ast mit Strichen ab und schreibe sie richtig in die Sprechblasen.

So__erhi__e ______________ Sp__lpla__ ______________

Urlau__sgrü__e ______________ Schwi__be__en ______________

2 Schreibe immer die beiden Wörter auf, unter denen du nachschlagen musst.

Wortfamilien

1 Trenne die Wörter auf den Wellen mit Strichen ab.

2 Streiche die Anfangsbuchstaben der Nomen durch.
Schreibe die Großbuchstaben darüber.

3 Auf dem Zelt sind verwandte Wörter versteckt. Kreise sie ein.

T-Shirt – Sweatshirt

4 Schreibe die Wortpaare auf.

5 Im Zelt stehen noch vier Wörter. Schreibe sie auf.

AM MEER

Der Seehund

Den größten Teil des Jahres verbringen Seehunde in der offenen Nordsee. Dort jagen sie. Ein erwachsener Seehund braucht jeden Tag 5 kg Fische um satt zu werden.

An Land bewegen sie sich sehr ungeschickt, da ihre Vorder- und Hinterbeine zu Schwimmflossen umgebildet sind. Im Wasser dagegen sind sie elegante Schwimmer und Taucher. Sie sind bis zu 35 km/h schnell und können 20 Minuten unter Wasser bleiben.

Ein großer Seehund ist 2 Meter lang und 150 kg schwer. Eine dicke Speckschicht unter der grauen, glatten Haut schützt ihn vor Kälte. In der Nordsee hat der Seehund kaum natürliche Feinde.

1 Unterstreiche, was du über Aussehen, Eigenschaften, Lebensraum und Nahrung des Seehunds erfährst.

Der Seehund

Aussehen: ______________________

____

____

____

Eigenschaften: ______________________

____

____

____

Lebensraum: offene Nordsee

Nahrung: ______________________

2 Trage die Informationen in Stichworten ein.

Die Seehund-Rettung

Gestern sind wir durch das Watt gegangen. Dabei haben wir einen Heuler gefunden. Wir haben die Seehund-Station benachrichtigt. Eine Tierärztin ist gekommen. Sie hat den Heuler abgeholt. Dann hat sie ihn untersucht. Der kleine Seehund hat seine Nahrung noch nicht allein geschluckt. Deshalb hat er Haferbrei durch einen Schlauch direkt in den Magen bekommen. Später hat er selbst kleine Heringe gefressen.

1 Unterstreiche in jedem Satz die zusammengesetzte Vergangenheit.

HEUTE MIT RÄTSEL

INSEL-SCHLAGZEILEN

FREITAG, 27.7.20 .. .
INSEL NEWS VERLAG
PREIS 1.30 €

Wir halfen bei einer Seehund-Rettung

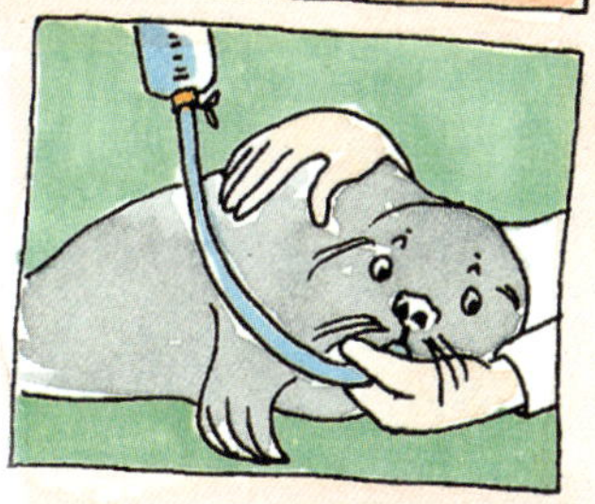

Gestern gingen wir

wir fanden sie holte ab sie untersuchte sie kam er schluckte
er fraß wir benachrichtigten er bekam wir gingen

2 Schreibe den Zeitungsbericht weiter. Verwende die einfache Vergangenheit.

3 Unterstreiche in jedem Satz die einfache Vergangenheit.

Rätsel im Meer

1 Setze die Silben zusammen und schreibe die Wörter auf.

2 Markiere, ob der Vokal vor dem *ß* lang oder kurz ist.

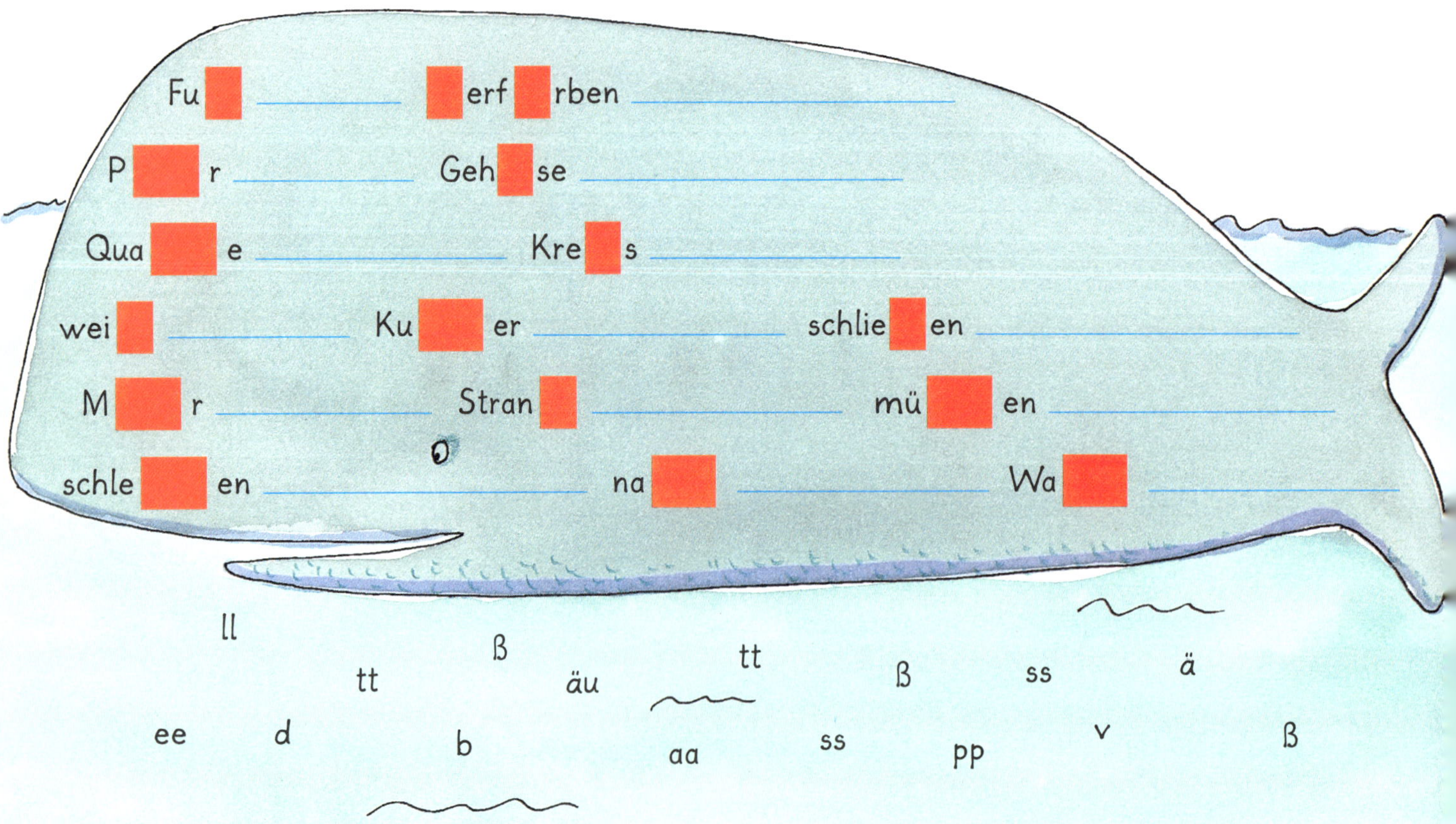

3 Setze die richtigen Buchstaben ein und schreibe das vollständige Wort auf.

Auf der Schatzinsel

Die drei Piraten Pit, Hein und Jan betreten die Insel. Zuerst sehen sie ______________________. Dann entdeckt Pit ______________ ________. ______________________ besteigen sie lieber nicht. Sie nehmen ______________ zum Fluss. Bald hören sie ______________________.
Nach langem Fußmarsch erreichen die Piraten endlich ______________.
Plötzlich entdeckt Jan ______________ am Wegesrand. Dann bemerken sie ______________________ im Wasser. In der Ferne sehen sie ______________________. Pit setzt ______________ auf die morschen, alten Holzbretter. Hein und Jan warnen ________. Im letzten Moment retten sie ______________________ vor dem Absturz.

1 Vervollständige die Sätze. Verwende dazu die Wörter auf den Felsen.

2 Unterstreiche in jedem Satz die Wen-oder-was-Ergänzung.

3 Unterstreiche in den Sätzen das Subjekt und das Prädikat.

Schatzkisten

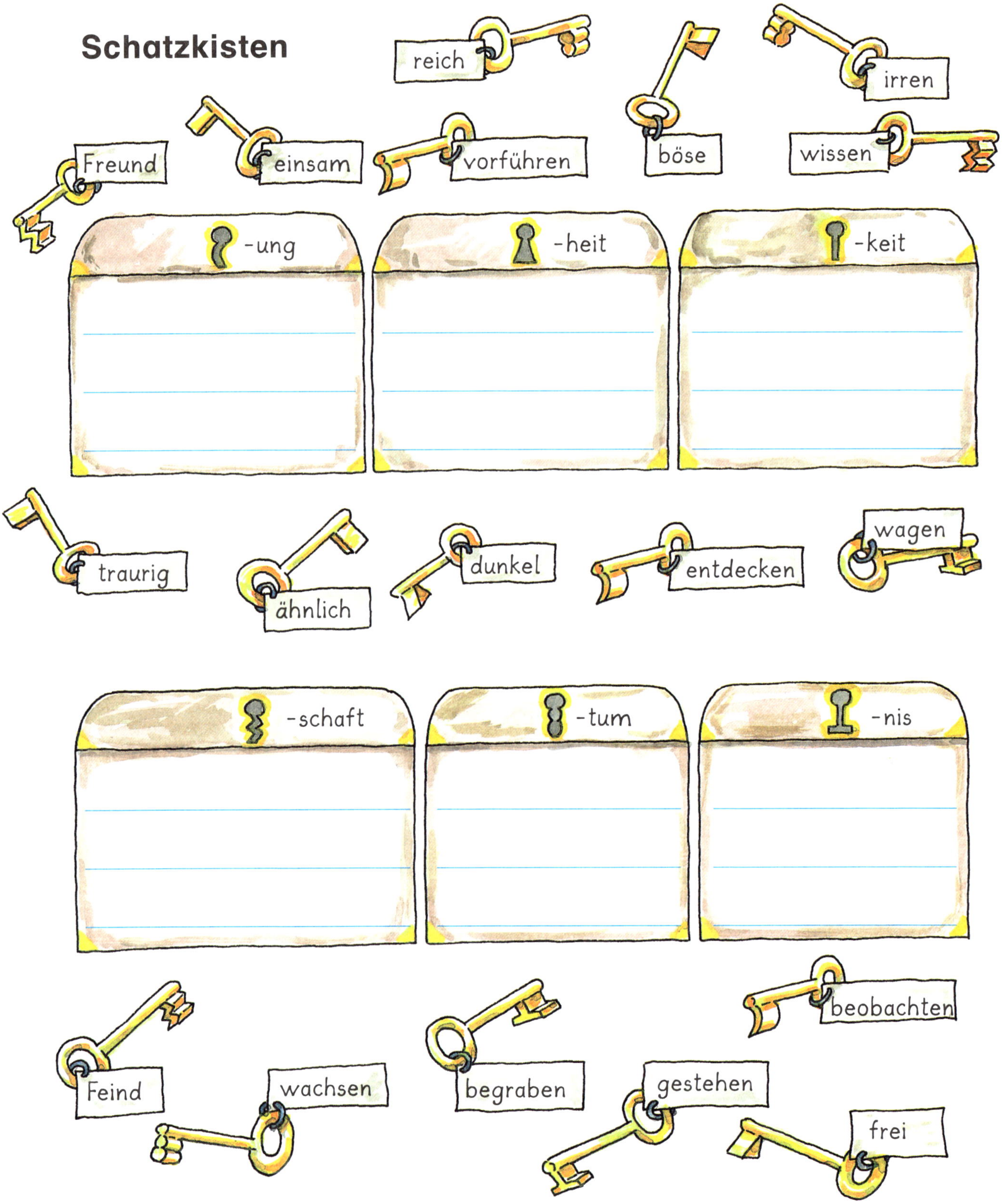

1 Bilde mit *-ung, -heit, -keit, -schaft, -tum* und *-nis* Nomen. Schreibe die Wörter immer in die passende Truhe.

2 Schreibe die Wörter aus der Truhe mit *-nis* in der Mehrzahl auf. Markiere immer den doppelten Konsonanten.

Wo liegt der Schatz?

Man kann ihn suchen, finden und besitzen.

auf einmal

Nomen zum Verb *verfolgen*

Gegenteil von langweilig

anderes Wort für Finsternis

jemand *Guten Tag* wünschen

Hohlraum im Felsen

aufregendes Erlebnis

überraschend finden

anderes Wort für Haft

Nomen zum Verb *erleben*

Glas ist ...

Gegenteil von Armut

etwas, das man nicht weitererzählt

Knochengerippe

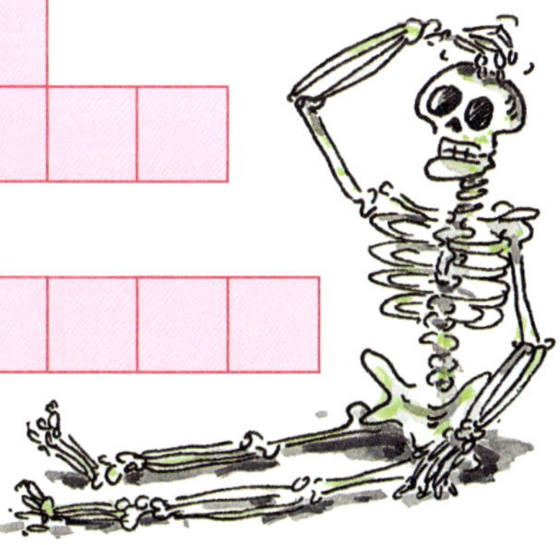

Lösung:

1 Löse das Rätsel mithilfe der Spuren im Sand.

Poesie-Sprüche

1 Unterstreiche die Nomen in den Sprüchen.

die Ecken,

2 Schreibe die Nomen auf, die Menschen, Tiere, Pflanzen oder Dinge bezeichnen.

3 Schreibe alle übrigen Nomen auf.

der Gedanke,

4 Schreibe die Nomen von der Kiste auf.

5 Kreise alle Nomen ein, die keine Menschen, Tiere, Pflanzen oder Dinge bezeichnen.

Nach dem Spiel

(1) beruhigen | ( ) erklären | ( ) fragen | ( ) loben | ( ) sich erkundigen | ( ) bestätigen

1 Zu welcher Sprechblase passen die Verben für *sagen*? Trage die Nummern ein.

Tim beruhigt Philipp:

2 Schreibe die Gespräche so auf, dass die Begleitsätze abwechselnd vor und nach der wörtlichen Rede stehen.

3 Unterstreiche die Begleitsätze und die wörtliche Rede mit verschiedenen Farben.

4 Markiere die Anführungszeichen und die anderen Satzzeichen rot.

Silbenpuzzle

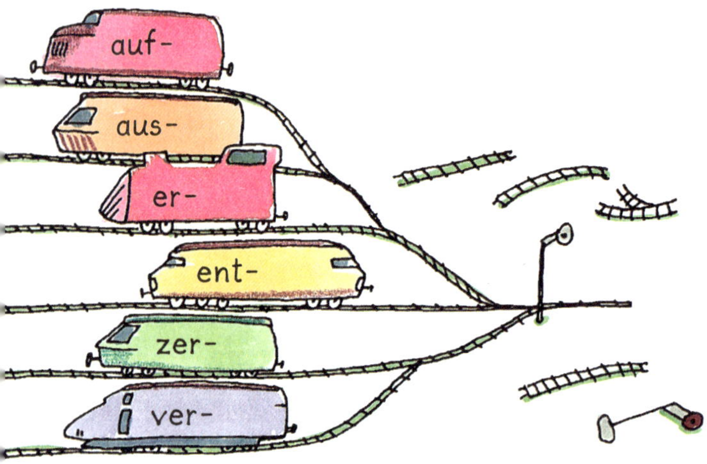

auf-: ______________________________

____

____

aus-: ______________________________

____

____

ent-: ______________________________

____

____

er-: ______________________________

____

ver-: ______________________________

____

____

zer-: ______________________________

1 Welche Verben kannst du bilden? Schreibe sie geordnet auf.

Rätsel raten

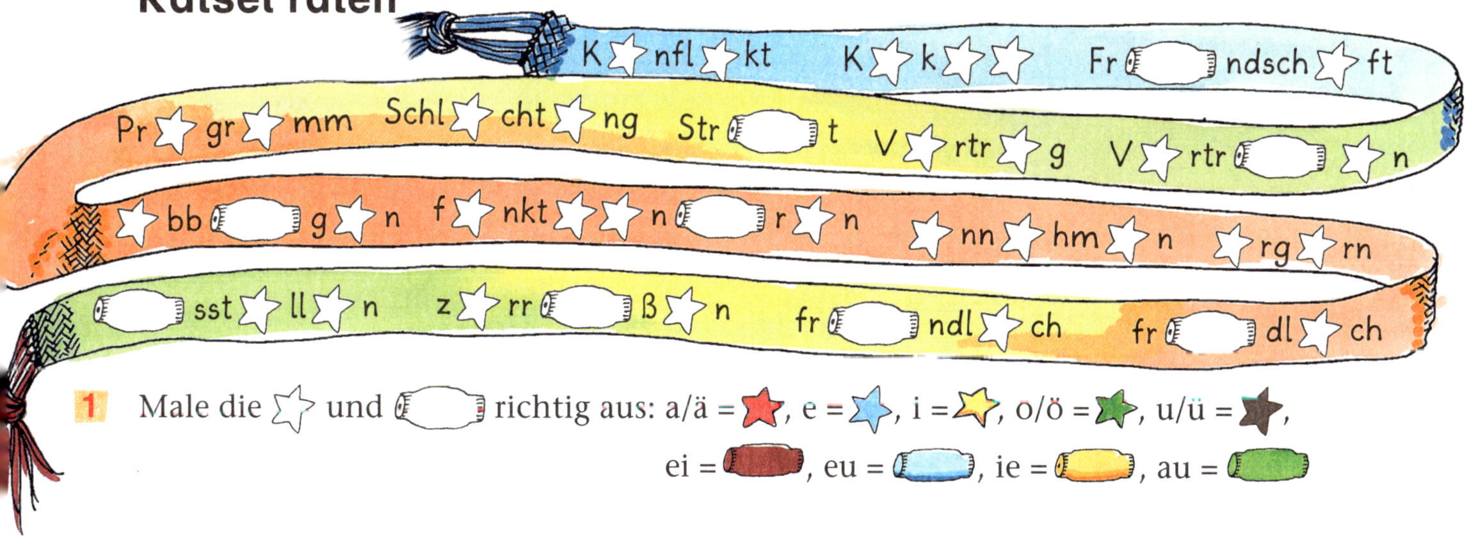

1 Male die ☆ und ⬭ richtig aus: a/ä = ★, e = ★, i = ★, o/ö = ★, u/ü = ★,
ei = ⬭, eu = ⬭, ie = ⬭, au = ⬭

____

____

____

____

____

2 Schreibe die Wörter richtig auf. Setze bei den Nomen immer den Artikel dazu. Kontrolliere die Wörter mit der Wörterliste.

Ben und Paul haben ______ . Erst war Bens ______ auf Pauls neues Bild getropft. Ben wollte Paul eigentlich gar nicht ______ . Paul war trotzdem sauer, weil er das Bild in der Klasse ______ wollte.
Die ______ der beiden war in Gefahr! Nina wollte gern, dass Ben und Paul wieder ______ miteinander umgingen. Sie war sich aber nicht sicher, ob das ______ zur ______ von Streitigkeiten wirklich ______ würde. Aber es klappte!
Als Ben und Paul einen ______ gemacht hatten, fassten sie wieder ______ zueinander und beendeten ihren ______ .

3 Setze passende Wörter von Aufgabe 2 in den Text ein.

WERBUNG

Werbe-Wörter

Heute im Angebot: lämmchenweiche Schmusedecken,

1 Wie hätte der Sprecher besser für die Produkte werben können?
Schreibe die Nomen mit den passenden zusammengesetzten Adjektiven auf.

stark rot klar neu schwarz scharf

das Glas – klar → glasklar,

2 Setze aus den Bildern und den Wörtern Adjektive zusammen und schreibe sie auf.

Lichter – Licht, Techniker –

1 Setze *b* oder *p*, *d* oder *t*, *g* oder *k* ein. Verlängere dafür die Wörter und schreibe immer beide Wörter auf.

b/p	d/t	g/k
geben ____ ga[b]	____ rä☐	____ brin☐t
____ lo☐t	____ bo☐	____ tru☐
____ blie☐	____ rie☐	____ len☐t
____ pie☐t	____ fan☐	____ fra☐t
____ le☐t	____ ban☐	____ ma☐
____ hu☐t	____ ba☐	____ den☐t
____ he☐t	____ lu☐	____ schlu☐

2 Schreibe die Verben in der Grundform auf und ergänze den fehlenden Buchstaben.

Werbe-Rätsel

waagerecht
3 Danach dreht man einen Film.
4 zusammentragen
5 sehr kräftig
7 Teil eines Films
10 leise sprechen
12 Dafür macht man Werbung.

senkrecht
1 überall bekannt
2 nicht mit, sondern …
6 Gegenteil von *falsch*
8 Reklame
9 Gegenteil von *viel*
11 Sinnesorgan

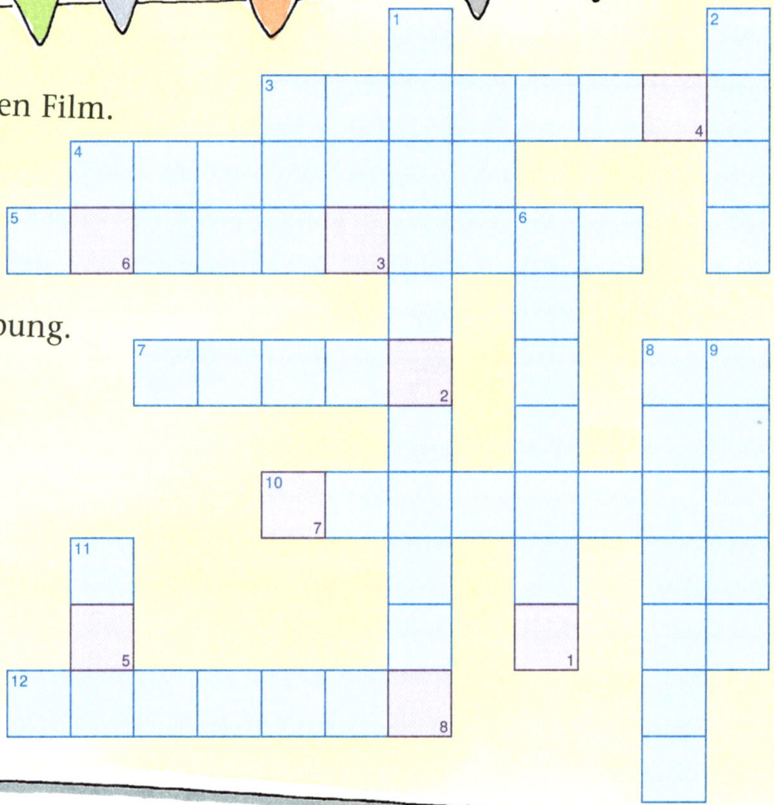

1 Löse das Rätsel. Verwende die Silben von den Wimpeln und hake sie ab.

2 Das Lösungswort heißt:

1	2	3	4	5	6	7	8

3 Sortiere alle Wörter aus dem Rätsel richtig ein.

FEUER

Die Feuerwehr im Einsatz

Die Feuerwehr hilft dem Autofahrer.

Die Feuerwehr hilft

1 Wem hilft die Feuerwehr? Schreibe die Sätze auf.

2 Markiere in den Sätzen das Satzglied, das auf die Wem-Frage antwortet.

3 Bilde Sätze und schreibe sie auf.

4 Unterstreiche in den Sätzen Subjekt, Prädikat, Wen-oder-was-Ergänzung und Wem-Ergänzung.

Feuer und Flamme

Flamme Pfütze Brand Asche Quelle Glut

Brunnen Verbrennung Tropfen Rauch Regen

Eis Hitze Qualm Fluss Ruß

1 Unterstreiche alle Wörter rot, die zum Wortfeld *Feuer* und alle Wörter blau, die zum Wortfeld *Wasser* gehören.

2 Schreibe die Wörter geordnet auf.

brennen züngeln lodern flackern

knistern glühen flammen prasseln

Das Holz ______________ laut, wenn es ______________. Die Flammen ______________ am Holz entlang und ______________ hell auf. Das Feuer im Kamin ______________ unruhig und ______________.

Die Holzkohle im Grill ______________ leuchtend rot.

3 Ergänze die Sätze mit den passenden Verben. Achtung: Ein Verb bleibt übrig.

Es brennt!

1 Welche Wörter kannst du zusammensetzen? Schreibe sie auf. Achtung: Du kannst nicht alle Wortbausteine verwenden!

2 Markiere immer den Wortstamm.

Brand brennend draußen Einsatz einstürzen
Feuerwehr Flamme Gebäude gefährlich Gewitter
heftig löschen Nachmittag schlagen während züngeln

3 Schreibe die Wörter richtig auf. Schreibe bei den Nomen auch die Artikel dazu.

Wünsche der Klasse 4a

Sehr geehrter Herr Funke,

wir alle vermissen ___ als Hausmeister. Jetzt liegen ___ schon eine Woche mit einem gebrochenen Bein im Krankenhaus. Wir hoffen, dass ___ ganz schnell wieder fit werden. Wir wünschen ___, dass ___ Weihnachten zu Hause bei ___ Kindern feiern können.

___ Klasse 4a

Hallo Miriam,

schade, dass ___ weggezogen bist. Seit ___ Umzug sind nun schon drei Wochen vergangen. Alle vermissen ___. Wie gefällt es ___ denn in ___ neuen Klasse? Hast ___ schon neue Freunde gefunden? Schreib uns doch mal.

Viele Grüße von ___ früheren Mitschülerinnen und Mitschülern

Liebe Frau Halbach,

wir wünschen ___ schöne Weihnachtstage mit ___ Mann und ___ Kindern. Fahren ___ mit ___ Familie wieder in den Schi-Urlaub?

Für das neue Jahr wünschen wir ___ ganz viel Glück.

Es grüßt ___ die Klasse 4a

deinem deinen deiner dich dir du du Ihnen Ihnen Ihnen
Ihre Ihrem Ihren Ihren Ihrer Sie Sie Sie Sie Sie Sie

1 Setze die passenden Pronomen in die Briefe ein.

Schönschreiben

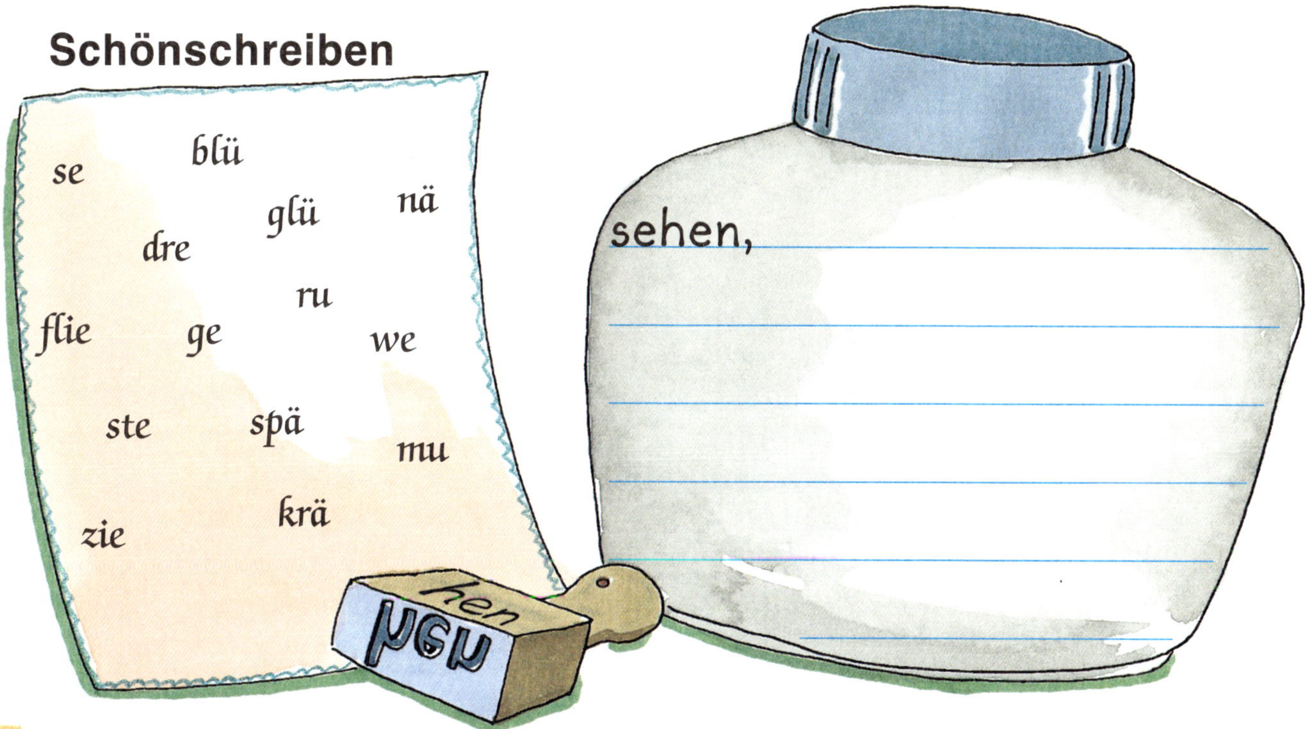

1 Schreibe die Verben auf.

2 Unterstreiche immer die Silbe, die in allen Verben gleich ist.

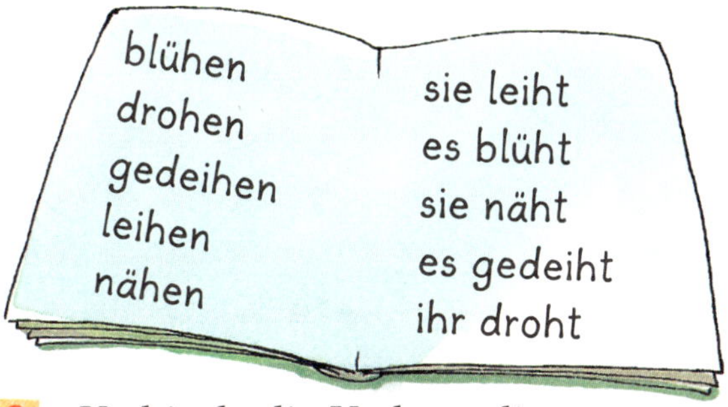

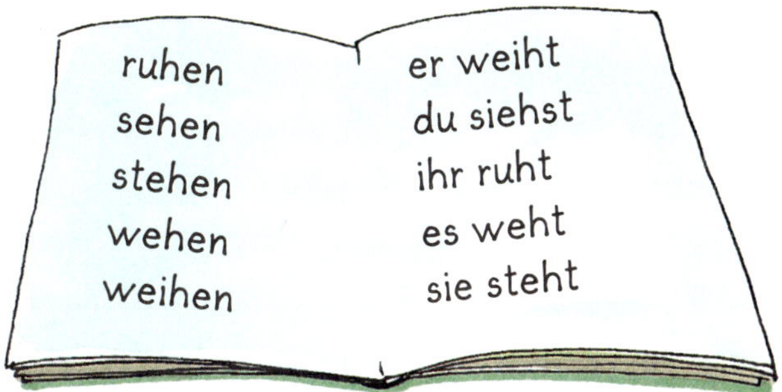

3 Verbinde die Verben, die zusammengehören, und unterstreiche immer das *h*.

Grundform:		
ich		
du		
er/sie/es		
wir		
ihr		
sie		

4 Suche dir drei Verben von Aufgabe 3 aus und trage sie in die Tabelle ein.

Schreibrätsel

1 Suche die Wörter von den Schwämmen auf der Tafel und kreise sie ein. Ein Wort fehlt: ______________

NÄHE MÜHSAM DRUCKEREI UMZUG RUHE WERT ALTPAPIER GLÜHBIRNE VERZIERUNG ENTSTEHUNG SCHÖPFRAHMEN FRÜHBLÜHER

Nähe – nah

2 Suche zu jedem Wort vom Blatt ein verwandtes Wort von der Schiefertafel. Achte auf die Groß- und Kleinschreibung.

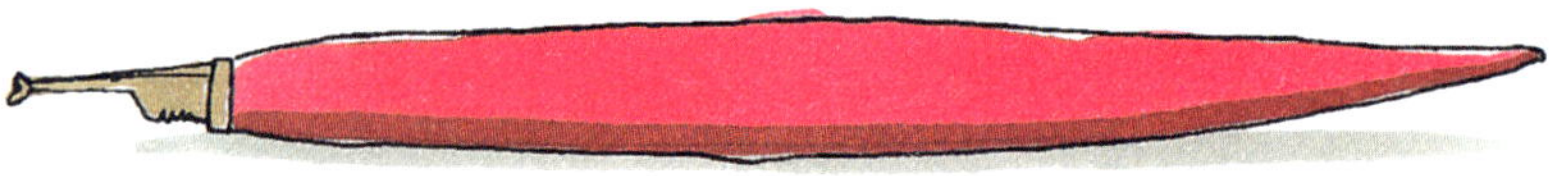

TIERE IM WINTER

Vogelfütterung im Winter

Sobald der erste Frost kommt, streuen viele Menschen Futter für die Vögel aus. Diese Winterfütterung hat aber nicht nur Vorteile, sondern auch Nachteile. Den Menschen macht die Fütterung der Vögel viel Freude. Sie lernen die verschiedenen Vogelarten und ihre Lebensweise kennen. Am Vogelhaus können sie die Vögel aus der Nähe beobachten.
Vogelschützer warnen aber vor unüberlegter Fütterung der Vögel. Bei dichter Schneedecke und Temperaturen unter –5 °C kann die Fütterung den Tieren über den Winter helfen, weil dann die Futtersuche schwierig ist. Es besteht aber die Gefahr, dass die Tiere vom Menschen abhängig werden. Auch falsches Futter schadet ihnen. Und wenn das Futter feucht wird, kann es verderben und Seuchen auslösen. Die Futterstellen müssen daher regelmäßig gesäubert werden.

1 Unterstreiche in zwei verschiedenen Farben, welche Vorteile und welche Nachteile die Winterfütterung hat.

Vorteile	Nachteile
- macht den Menschen Freude	

2 Schreibe die Vorteile und die Nachteile in Stichworten auf.

3 Schreibe deine Meinung zur Winterfütterung in dein Heft.

© Diesterweg Verlag

So überleben Tiere den Winter

Wir nennen Fuchs und Luchs winteraktive Tiere.

Die Eidechse kann ihr Versteck nicht verlassen.

Die Rehe frieren im Winter nicht.

Der Specht hämmert mit seinem Schnabel gegen den Baumstamm.

Das Hermelin ist bei Schnee gut getarnt.

Er sucht unter der Rinde Insekten.

Sie fällt in Winterstarre.

Sie gehen auch bei Kälte auf Nahrungssuche.

Sein Winterfell ist weiß.

Sie bekommen ein dickes Fell.

1 Welche Sätze gehören zusammen? Verbinde sie mit Strichen.

Wir nennen Fuchs und Luchs winteraktive Tiere,
weil sie auch

2 Verbinde die Sätze mit *weil*. Setze vor *weil* ein Komma und achte darauf, dass sich die Stellung des Verbs ändert.

Winterschlaf oder Winterruhe?

Das Eichhörnchen hält im Kobel Winterruhe.

Wo hält das Eichhörnchen Winterruhe?

In der Erde gräbt es nach ein paar Nüssen.

Schnell klettert es wieder in seinen Kobel.

Manchmal kommt es aus seinem Versteck.

1 Schreibe immer die Frage nach der Ortsergänzung auf.

2 Markiere in jedem Satz die Ortsergänzung.

Igel fressen sich im Herbst ein Fettpolster an.

So können sie mehrere Monate ohne Nahrung auskommen.

Manche Igel überwintern mehrmals am gleichen Ort.

Seit Mitte November schläft der Igel dort.

3 Schreibe immer die Frage nach der Zeitergänzung auf.

4 Markiere in jedem Satz die Zeitergänzung.

© Diesterweg Verlag

Im Winterwald

Im Winter 🐾en die Bäume kaum.

Fährten im Schnee ver🐾elt man leicht.

Im Winter sind die jungen Füchse er🐾en.

Wenn es kalt wird, 🐾eln die Rehe das Fell.

Im Winter ist das Wetter oft 🐾elhaft.

1 Schreibe die Sätze auf. Setze dabei WACHS oder WECHS ein.

gräbt Försterin Eichhörnchen vielleicht außerdem Spur
verschneit Nahrung aufschrecken Vorrat Specht Dachs

Der Wald ist tief ______________. Die ______________ will den Tieren __________ bringen. Sie entdeckt die ______ eines Tieres. Unter einem Baum _______ ein __________________ nach seinem ________. Die Försterin hört ____________ einen _________ und sieht den Bau, in dem ein _______ lebt. Damit die Tiere nicht _________________, ist sie ganz leise. _______________ kann sie sogar ein paar Rehe beobachten.

2 Setze die Wörter richtig ein. Hake die verwendeten Wörter ab.

© Diesterweg Verlag

IN FERNEN LÄNDERN

Leben in einem fernen Land

Auf dem Markt bieten die Leute Früchte und Gemüse an.
Sie bauen einfache Stände auf. Dort stellen sie ihre Ware aus.
Sie legen die Preise nicht fest. Jeden Preis handeln sie
einzeln aus. Manchmal tauschen sie auch eine Ware gegen
eine andere ein. Am Abend kehren sie in ihr Dorf zurück.

1 Unterstreiche die Prädikate. Sie bestehen alle aus zwei Teilen.

bieten an – anbieten, ______________________________

____

____

____

2 Schreibe alle Verben aus dem Text auf und ergänze immer die Grundform.

Die Frau packt ______ im Haus die Waren ein ______, auf dem Markt ______
sie sie ______. Am Fluss ______ sie ins Kanu ______, bei der Ankunft
______ sie ______. Häufig ______ sie Waren ______, selten
______ sie diese ______. Die Mutter ______ das Flechten ______,
Simbari ______ es ______. Zum Tanz ______ die Männer Grasröcke
______, zum Schlafen ______ sie sie ______. Die Großen ______
den Kleinen ein Lied ______, diese ______ es ______. Ein Tänzer
______ die Schritte ______, die anderen ______ sie ______.

einpacken/auspacken, einsteigen/aussteigen, eintauschen/umtauschen, vormachen/nachmachen, anziehen/ausziehen, vorsingen/nachsingen, vortanzen/nachtanzen

© Diesterweg Verlag

3 Setze die Verben richtig ein.

Ein Schultag

Die Schülerin Simbari und ______ Bruder Kumbal fahren in ______ Einbaum zur Schule im Nachbarort. ______ Lehrer steht schon vor der Schule. ______ ruft alle Kinder mit ______ Trommel herbei. Heute macht ______ allen der Unterricht besonderen Spaß. An der Tafel steht ein Rätsel. Kumbal versucht ______ zu lösen. Die Lösung fällt ______ leicht. Der Lehrer lobt ______. Simbari schreibt zusammen mit ______ Freundin Geschichten in englischer Sprache. Englisch gefällt ______ gut. Am Nachmittag fahren ______ zurück und spielen mit ______ Freunden.

1 Vervollständige die Sätze. Verwende dazu die Pronomen von der Tafel.

2 Schreibe den Text mit den richtigen Pronomen ab und markiere sie.

© Diesterweg Verlag

Zahlreiche Fische

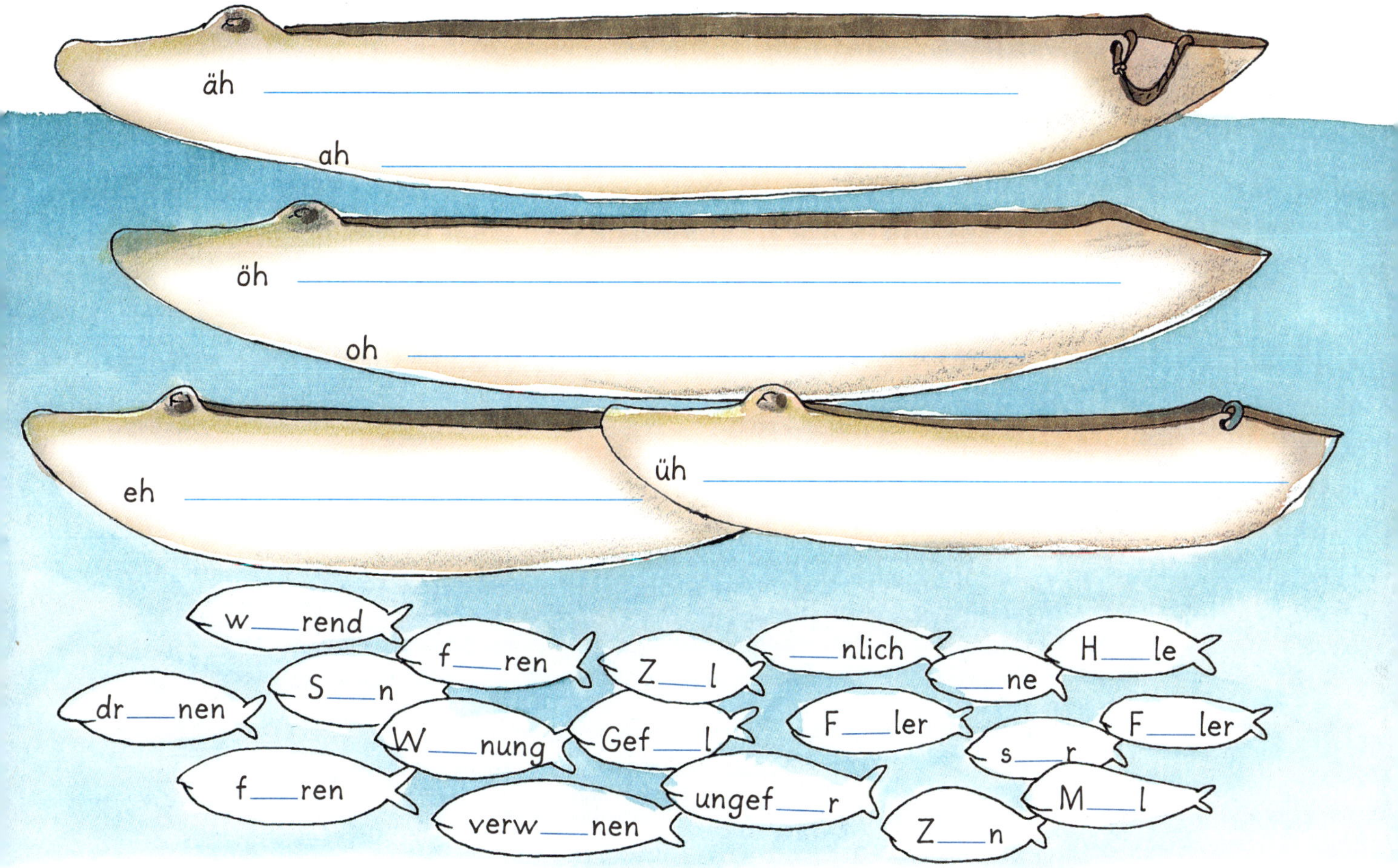

1 Male die Fische in der richtigen Farbe an und setze die passenden Buchstaben ein: ah/äh= eh= üh= oh/öh=

2 Schreibe die Wörter von den Fischen in das passende Boot.

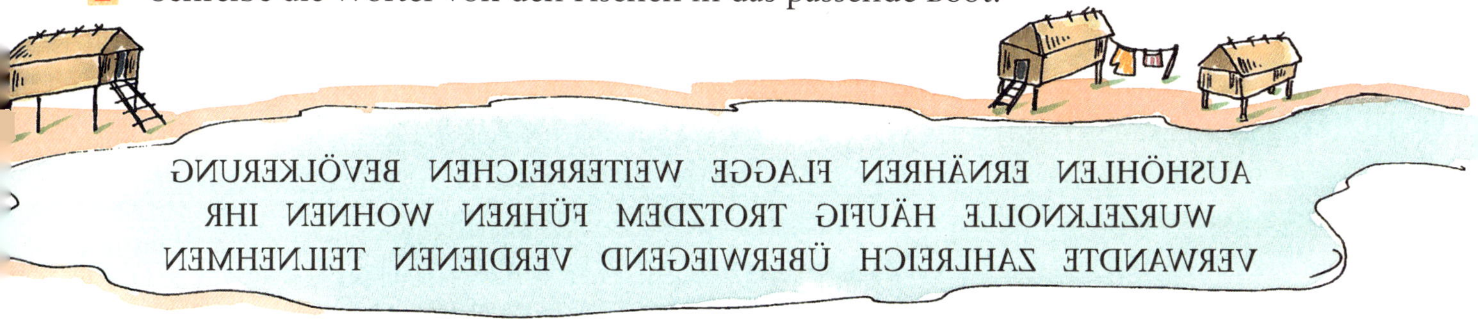

3 Schreibe die Wörter auf. Achte auf die Groß- und Kleinschreibung.

© Diesterweg Verlag

In der Zukunft

Vergangenheit	Gegenwart	Zukunft
letzte Woche		

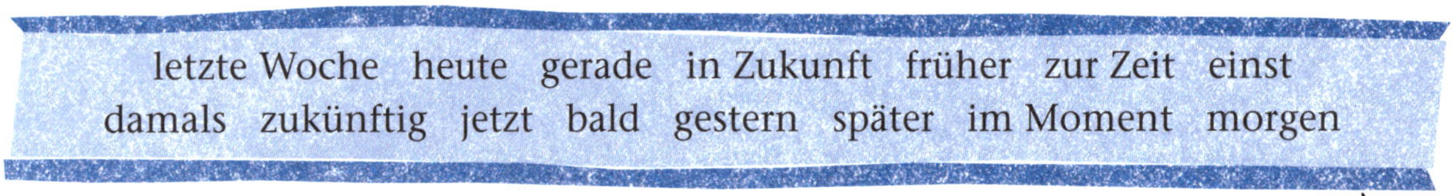

letzte Woche heute gerade in Zukunft früher zur Zeit einst damals zukünftig jetzt bald gestern später im Moment morgen

1 Ordne die Wörter in die Tabelle ein.

Futi fliegt durch die Straße zur Schule. Er landet auf seiner Lernstation. Dort arbeitet Futi an Lernmaschinen. Nur manchmal sieht er eine Lehrerin. In der Pause holt er sich sein Essen aus einem Fach. Dann ruht sich die ganze Klasse in Schlafkabinen aus. Am Abend treffen sich alle zum Weltraumfußball.

Futi wird durch die Straße zur Schule fliegen.

2 Unterstreiche alle Verben im Text.

3 Schreibe den Text in der Zukunftsform mit *werden* auf.

© Diesterweg Verlag

An der Tankstelle

Wo ist die Zapfpistole? – an der Zapfsäule

1 Schreibe die Fragen und die Antworten zu den Gegenständen in blauer Schrift auf.

2 Markiere in den Antworten den Artikel und das Nomen im Wem-Fall.

Wohin gehört die Zapfpistole? – an die Zapfsäule

3 Wohin gehören die Gegenstände? Schreibe die Fragen und die Antworten auf.

4 Markiere in den Antworten den Artikel und das Nomen im Wen-Fall.

Verschiedene Geschäfte

In der Fleischerei kann man Bratwurst,

kaufen.

Bratwurst Schinken Torte Aufschnitt Birnen Braten Brot Kirschen

Hörnchen Streuselgebäck Hackfleisch Brezeln Speck Kuchen Quitten

Äpfel Brötchen Erdbeeren

1 Unterstreiche die Waren in den Farben der Geschäfte.

2 Schreibe auf, was man in den Geschäften kaufen kann. Denke an die Kommas.

APOTHEKERIN KFZ-WERKSTATT UNIVERSITÄT BERUF AUSBILDUNG

WASSERWAAGE ZUKUNFT STADT SCHUBKARRE WAHRSCHEINLICH

STUDIEREN DEMNÄCHST NÄMLICH WÄHLEN ZWISCHEN ERZIEHERIN

3 Nummeriere die Wörter nach dem ABC. Schreibe sie dann in der richtigen Reihenfolge auf. Achte auch auf die Groß- und Kleinschreibung.

Beim Turnier

1. jemand genau beobachten
2. nicht erfolgreich sein
3. etwas vorhaben
4. jemand helfen
5. jemand besiegen
6. gut vorbereitet sein

Als der unbekannte Ritter auf dem Turnierplatz erschien, sah Urban sofort, was er **im Schilde führte** ◯. Er trug das Wappen seines Feindes. Aber Urban war unbesorgt, denn er **war gut gerüstet** ◯. Er **nahm** seinen Gegner genau **ins Visier** ◯. Diesmal wollte er ihn **aus dem Sattel heben** ◯. Die beiden ritten aufeinander zu. Plötzlich strauchelte Urbans Pferd und er stürzte zu Boden. Zu aller Erstaunen **griff** ihm der unbekannte Ritter **unter die Arme** ◯. Urban begriff, dass er an diesem Tag **keinen Stich machen** würde ◯.

1 Ordne den Redensarten aus dem Text ihre heutige Bedeutung von der Fahne zu. Trage die Zahlen ein.

2 Schreibe den Text neu. Verwende statt der Redensarten aus der Ritterzeit die heutigen Ausdrücke. Achte auf die Vergangenheitsform.

Vom Essen und Trinken

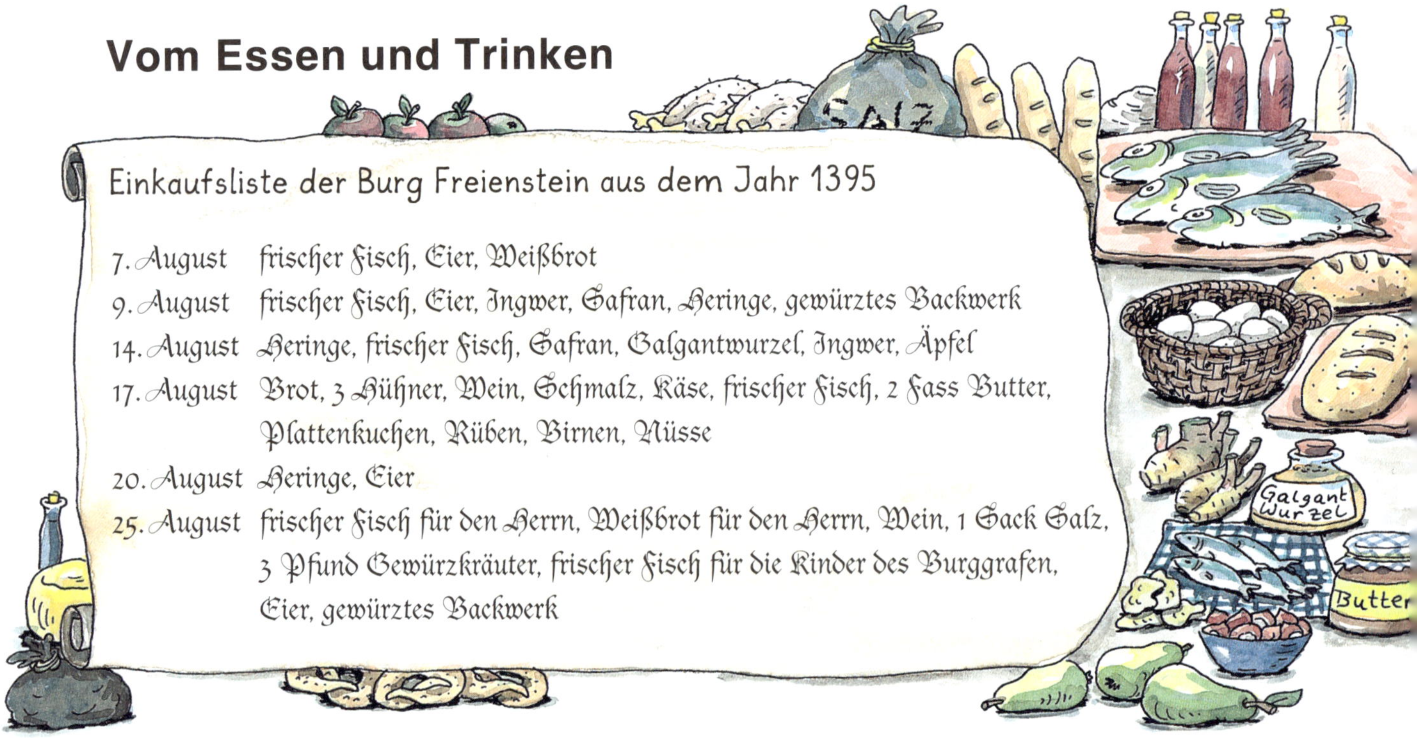

Einkaufsliste der Burg Freienstein aus dem Jahr 1395

7. August	frischer Fisch, Eier, Weißbrot
9. August	frischer Fisch, Eier, Ingwer, Safran, Heringe, gewürztes Backwerk
14. August	Heringe, frischer Fisch, Safran, Galgantwurzel, Ingwer, Äpfel
17. August	Brot, 3 Hühner, Wein, Schmalz, Käse, frischer Fisch, 2 Fass Butter, Plattenkuchen, Rüben, Birnen, Nüsse
20. August	Heringe, Eier
25. August	frischer Fisch für den Herrn, Weißbrot für den Herrn, Wein, 1 Sack Salz, 3 Pfund Gewürzkräuter, frischer Fisch für die Kinder des Burggrafen, Eier, gewürztes Backwerk

Gewürze: ______

Backwaren: ______

tierische Nahrungsmittel: ______

Früchte und Gemüse: ______

1 Sortiere die Einkaufsliste nach den Oberbegriffen.

2 Ein Nahrungsmittel kannst du nicht einordnen. Welches? ______

1=l
5=s
~~6~~

3=k
4=s

~~2~~
4=k

______ ______ ______

3 Löse die Bilderrätsel.

Wörter-Burg

1 Unterstreiche in der Fahne alle einsilbigen Wörter. Trage sie in die Zinnen ein.

2 Ergänze in der Mauer die fehlenden Silben. Die Wörter von der Fahne helfen dir.

3 Schreibe die Wörter von den Schafen an die richtige Stelle in den Turm.

Das Lösungswort lautet: ______________________.

© Diesterweg Verlag

Wörter sammeln

Wenn Lars und Lea Witze machen,
müssen alle Kinder ________________.

Ein armer Wicht, wer nur in Maßen
Gründe hat zu ________________.

Der Vater will das Baby wickeln,
da fängt es an zu ________________.

Bei dem Witz muss Sara ________________,
sie kann bald nur noch husten.

Besser als die Stirn zu runzeln
ist's, öfter mal zu ________________.

Meine Schwestern ________________,
denn heut' gibt's wieder Linsen.

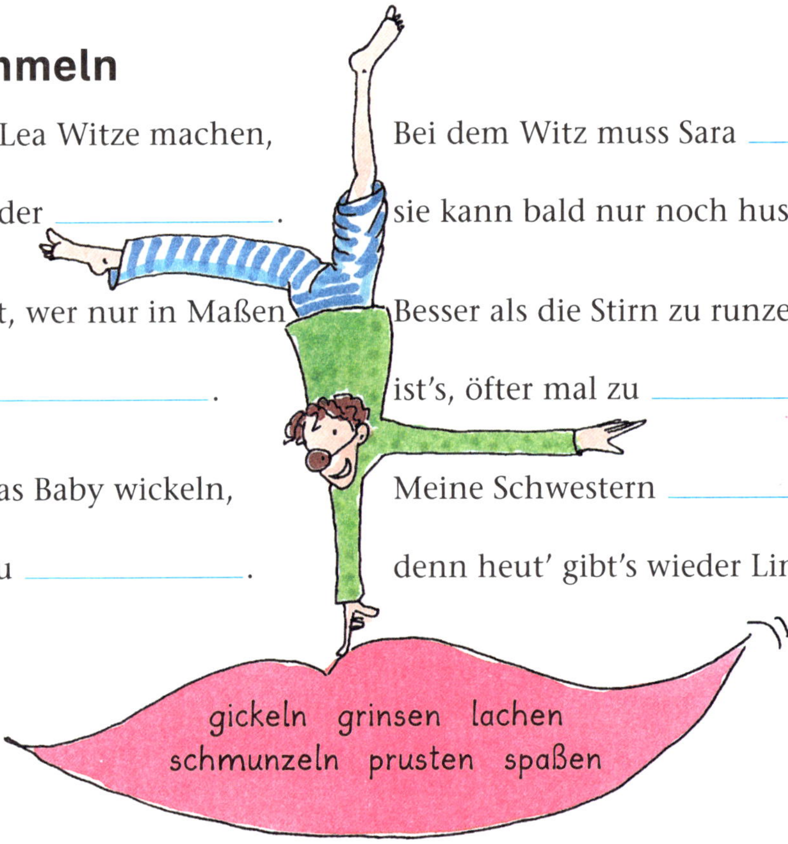

1 Setze die Wörter aus dem Wortfeld *lachen* richtig ein.

2 Verbinde die Wörter aus dem Wortfeld *essen* mit den passenden Bildern.

Vater und Mutter speisen im Restaurant.

____

____

____

____

____

3 Schreibe Sätze zu den Bildern auf.

Im Dichtermuseum

Der Bürgermeister ________ hat die Museumsordnung erlassen.

Wer oder was hat die Museumsordnung erlassen?

Die Schreibmaschine ____________________ ist ausgestellt.

____

Der Dichter hat den Roman ____________________ gewidmet.

____

Der Autor hat ____________________ geschrieben.

____

1 Ergänze die Sätze. Überlege, in welchen Fällen die eingetragenen Wörter stehen und schreibe die passenden Fragen dazu.

Wer oder was?	der Leser	die Dichterin	das Buch
Wessen?			
Wem?			
Wen oder was?			

3 Trage die fehlenden Nomen mit ihren Artikeln ein.

Pronomen

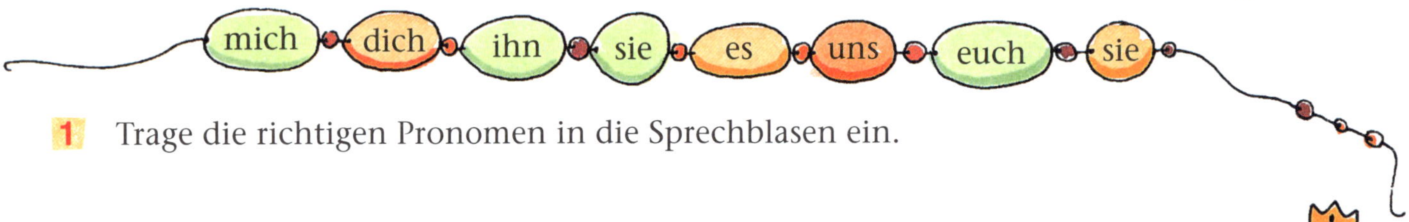

1 Trage die richtigen Pronomen in die Sprechblasen ein.

Die Dichterkönigin

Olga schreibt ein neues Gedicht. _____ will _____ an Jan verschenken, denn _____ findet _____ nett. Olga liest _____ Gedichte gerne vor. Alle hören _____ dann zu. „Es gefällt _____!“, sagen die Kinder. „Und _____ freut es, wenn _____ _____ damit Freude mache“, erklärt Olga. „Dafür sollte man _____ zur Dichterkönigin wählen!“ schlägt der kleine Ernst vor.

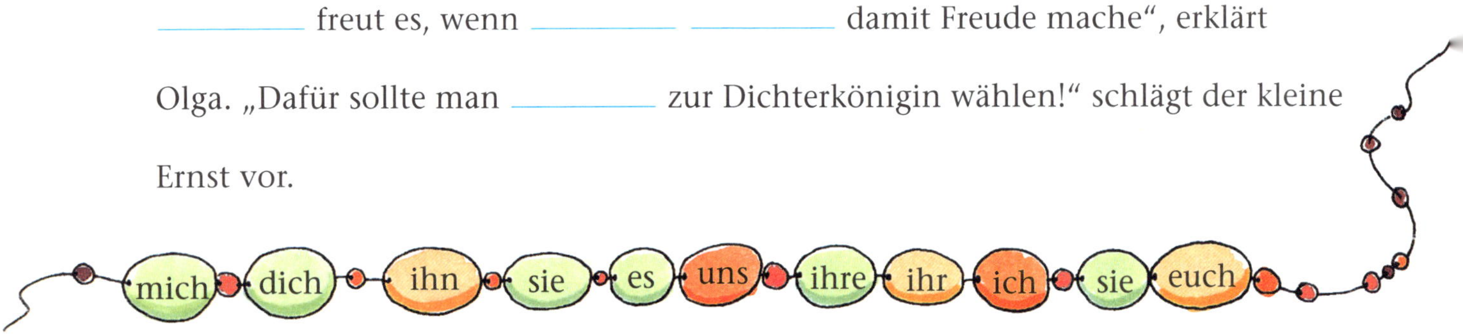

2 Trage die Pronomen ein. Streiche im Kasten immer das Pronomen durch, das du eingesetzt hast.

In der Bibliothek

1 Verbinde die Silben zu Wörtern.

Bibel,

2 Schreibe die Wörter richtig auf. Markiere immer das *i*.

Vitrine Kamin Mandarine Ruine Theater Rechtswissenschaft Vater
Gedicht gelten deutsch berühmt privat unzählig manchmal ihn selbst

3 Schreibe zu jedem Bild das passende Wort. Verwende die Wörter aus dem Kasten.

4 Acht Wörter bleiben übrig. Schreibe sie auf.

Am Feldbach

Am frühen Nachmittag trafen sich die Umweltfreunde am flachsten Abschnitt des Feldbachs. Er eignete sich für eine genauere Untersuchung. Laura hatte ihren neuen Kescher mitgebracht. Sie stieg in den kühlen Bach und führte den Kescher mit seinem langen Stiel neben dem dicksten Stein durch das klare Wasser. Dann leerte sie ihn in ihre helle Schale. „Seht mal!“, rief sie, „eine kleine Eintagsfliegenlarve und ein großer Flohkrebs.“

1 Unterstreiche die Adjektive.

Grundform Grundstufe	1. Vergleichsform 1. Vergleichsstufe	2. Vergleichsform 2. Vergleichsstufe
früh	früher	am frühesten

2 Trage die Adjektive in die Tabelle ein und ergänze die fehlenden Formen.

Am Wasser

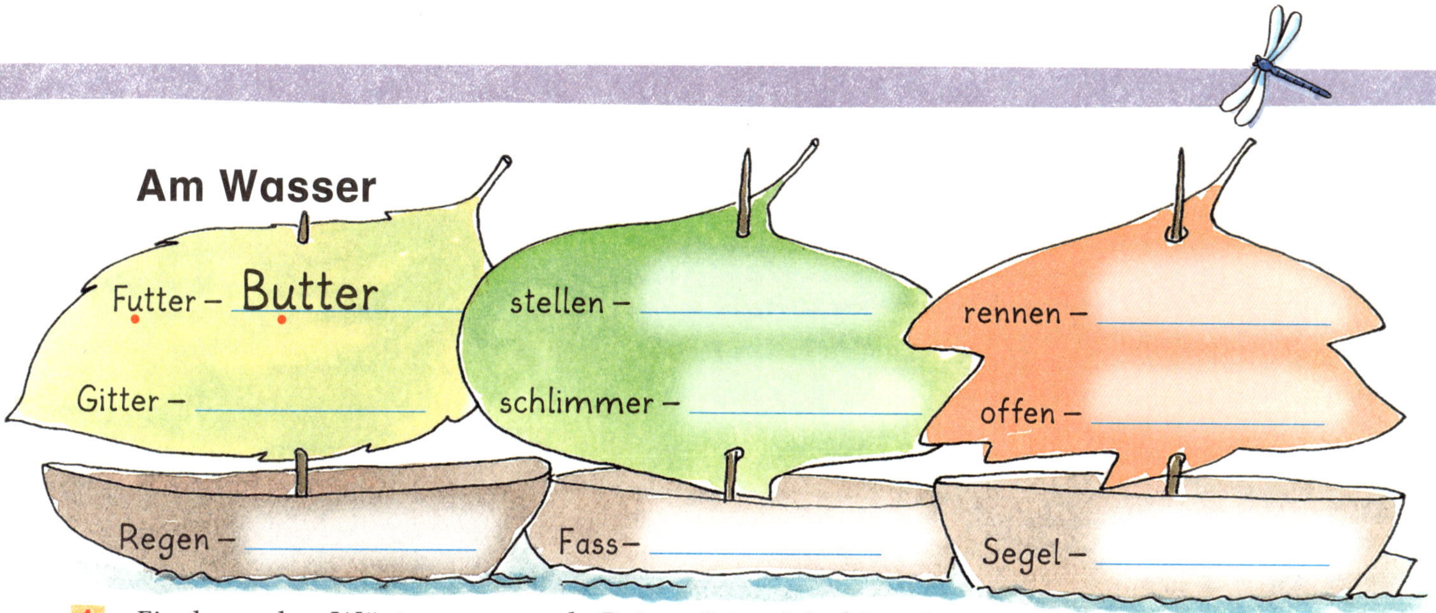

1 Finde zu den Wörtern passende Reimwörter. Markiere immer in beiden Wörtern, ob der Selbstlaut lang oder kurz ist.

Ein Ausflug

Bei herrlichem Wetter pa___te ich einen Pi___ni___korb und fli___te zu den Umweltfreunden. Schnell se___ten wir uns auf die Räder und fuhren über die Brü___e zum Bach.

Auf dem Weg zum Rastpla___ entde___ten wir Sto___enten auf dem Wasser, die sich pu___ten. Wir sahen schon die Si___gruppe vor der He___e, als Tim entse___t auf seinen Reifen bli___te. „Je___t habe ich einen Platten!“, seufzte er. Marie fuhr zurü___ und holte ihr Fli___zeug, Laura und ich radelten weiter. Bei den Bänken sah es schre___lich aus. „Solche Schmu___finken!“, schimpfte Laura. Wir wi___elten uns Plastiktüten um die Hände und sammelten den Müll ein. Marie und Tim kamen, als wir den le___ten Dre___ beseitigt hatten. Gemeinsam aßen wir nun die Plä___chen und erzählten Wi___e.

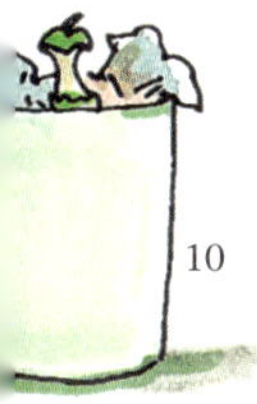

2 Setze *ck* oder *tz* ein.

ck packte,

tz

3 Schreibe die Wörter mit *ck* und *tz* geordnet auf und markiere, ob der Selbstlaut vor *ck* und *tz* lang oder kurz ist.

Leben im Wasser

1 Schreibe die Wörter der Wortfamilie SETZ auf.

Brücke Gewässer Pflanzen Umweltschutz kippen setzen
strecken spritzen verstecken schmutzig vorsichtig

Tim und Laura ______ sich auf die ______. Sie schauen auf die ______ im ______. Das Wasser ______, als ein Frosch hineinhüpft und sich im Ufergras ______. „______ ist eine wichtige Aufgabe“, sagt Tim. Die Kinder denken an ihre Bach-Aktion im Sommer. Sie freuen sich, dass jetzt niemand mehr ______ Abfälle ins Wasser ______. Laura ______ ihren Arm aus und greift ______ nach einem Wasserkäfer. Doch der schwimmt schnell davon.

2 Setze die Wörter richtig ein und hake sie ab.

BILDER LESEN

Farbbilder oder Bilderfarbe?

der Bergschuh,

1 Schreibe zusammengesetzte Nomen auf. Unterstreiche das Bestimmungswort grün und das Grundwort blau. Schreibe auch den Artikel dazu.

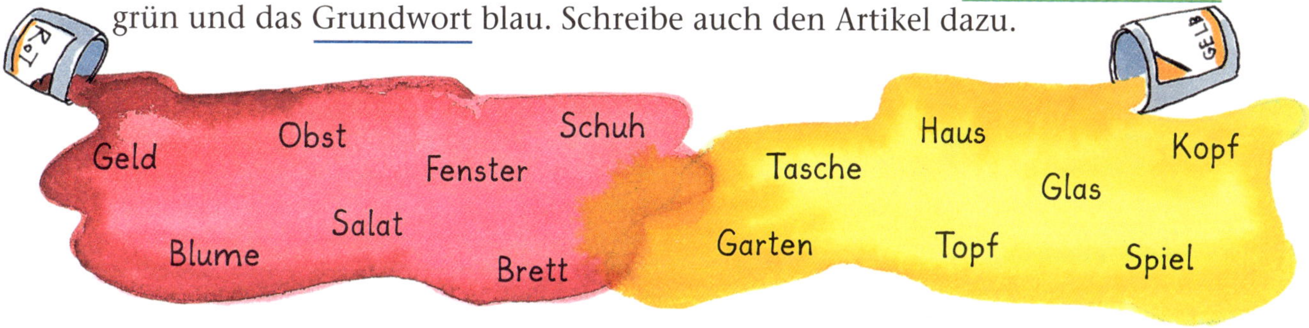

die Geldtasche – das Taschengeld,

2 Schreibe nur die zusammengesetzten Nomen auf, bei denen du die Nomen wie im Beispiel vertauschen kannst. Schreibe immer auch den Artikel dazu.

3 Unterstreiche immer das Bestimmungswort grün und das Grundwort blau.

4 Schreibe mit einem Beispiel aus Aufgabe 2 zwei sinnvolle Sätze in dein Heft.

Museumsbesuch

◯ glauben ◯ sich fragen (1) überlegen ◯ nachdenken

◯ sich wünschen ◯ sich erinnern

1 Finde immer das passende Verb und schreibe die Ziffern in die Kreise.

Ayse überlegt: „Dieses Bild von Monet ist sicher teuer.“

2 Schreibe zu jedem Kind einen Satz.

MAINLAIBMAIHAIMAISLAICHKAISERSAITE

3 Trenne die Wörter durch Striche ab.

4 Schreibe die Wörter mit Artikel auf und kreise *ai* ein.

Bilder lesen

1 Setze die Wörter auf den Bildern richtig zusammen und schreibe sie auf.

2 Kreise das *cks* ein und sprich dir die Wörter laut vor.

3 Ordne die Wörter von Aufgabe 1 nach dem ABC und schreibe sie auf.

MSMSM
Comic knacksen
Ausstellung Gemälde
glucksen Klecks Idee

lebendig Knicks
Kaiser daneben
Hai

Mais verrückt
Saite schnurstracks

MMMMSMMMMSMMM ______

MSSM ______ MSMMSMMM ______

MSMSMSM ______ MSMSMMSM ______

MSSMSM ______ MSMSMMS ______

SSMMMSMMSMM ______ MSSMS ______

MSMSM Comic SMSS ______ MSS ______

4 Trage die Wörter aus den Bilderrahmen richtig ein und hake sie ab. Es hilft dir, wenn du über die Wörter in den Bilderrahmen die Geheimschrift schreibst.

5 Welche vier Wörter aus den Bilderrahmen hast du noch nicht aufgeschrieben?

Wie ein Film entsteht

R Am Anfang hat der Regisseur eine Idee. Dann ~~samelt~~ er

Informationen und macht eine Sachgeschichte. Im Drehbuch

Z steht, was vor der Kamera ~~geschah~~ und welcher Text gesprochen

√ werden soll. Mit seinem √ entwirft der Regisseur einen Plan.

R Dieser ~~gipt~~ an, was an welchem Tag, an welchem Ort und mit

welchen Personen und Requisiten gefilmt wird. Der Film

√ besteht √ vielen Szenen. Zu jeder Szene wird der passende Ton

A gemacht. Zuletzt wird der Sendetermin ~~gemacht~~. X1 Zu dieser

Geschichte schreibt er ein Drehbuch.

A: festgelegt

R: gibt

Z: geschieht

√ : Team

R: sammelt

√ : aus

A ______________________ Z ______________________

R ______________________ √ ______________________

X ______________________

Reihenfolge der Sätze umstellen · Rechtschreibfehler · fehlende Wörter · treffenderer Ausdruck · falsche Zeit

1 Was bedeuten die Korrekturzeichen? Trage die Erklärungen richtig ein.

2 Verbessere den Bericht mit Hilfe der Wörter auf den Karten.
Wohin gehört der verstellte Satz? Markiere die richtige Stelle mit X1√.

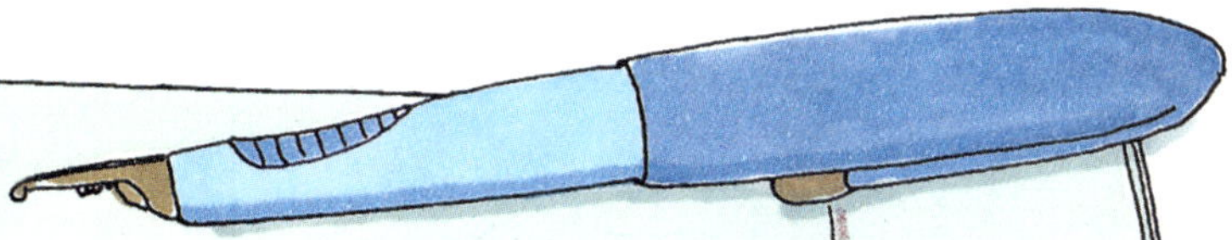

Wie ein Film entsteht

1 Schreibe den korrigierten Text von Seite 50 schön ab.

Bär	vorwärts	Träne
Käfig	während	Lärm
März	schräg	Käfer
sägen	spät	Mädchen

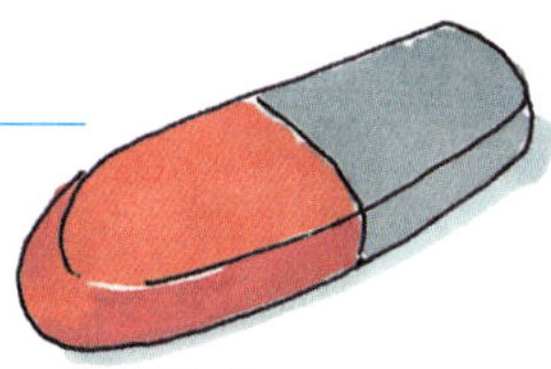

2 Schreibe die halb ausradierten Wörter richtig ab. Markiere immer das *ä*.

Auf dem Monitor

___gu___	___tal-Kamera	___rät
___kus___	___gra___	___schlie___
___page	___tig	___wäh___
___view	___wen___	___säch___
___net	N___	___jekt

fotografieren	Argument	beschließen	Diskussion	kräftig
Homepage	Internet	Interview	verwenden	Digital-Kamera
auswählen	Netz	Gerät	tatsächlich	Projekt

1 Trage die Wörter von der Tastatur an den richtigen Stellen im Monitor ein.

2 Male die Felder mit den Nomen rot aus. Welchen Buchstaben erhältst du? ___

M___se – Abent___er

Ein n___gieriges M___schen findet im H___ einen bl___lichen Stein. Schnell l___ft es damit zu seinen L___ten. Fr___dig be___gen alle den Fund. Sie t___schen sich nicht, der Stein l___chtet und plötzlich beginnen die M___schen zu tr___men.

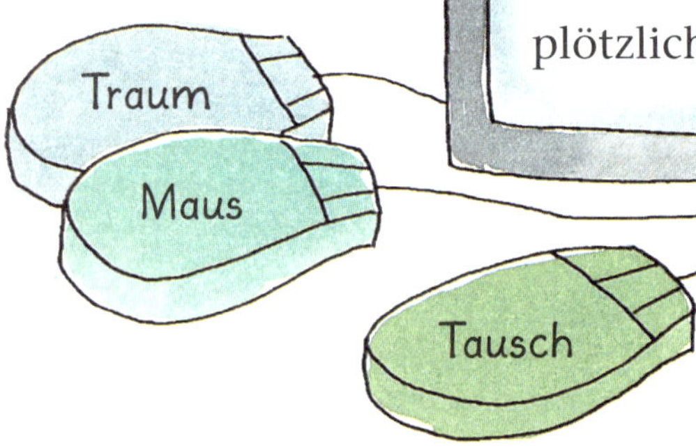

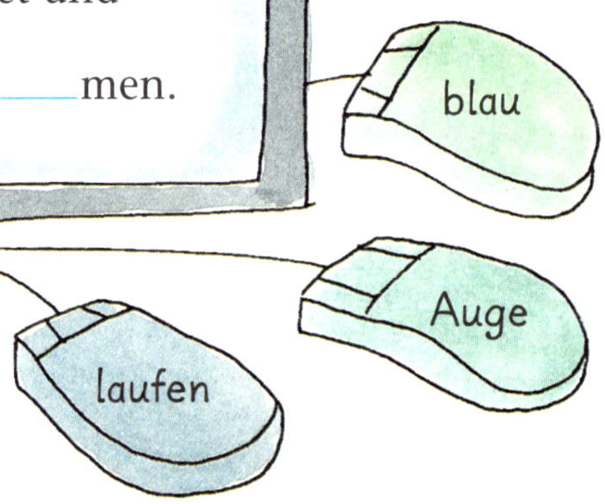

3 Entscheide, ob du *äu* oder *eu* einsetzen musst. Die verwandten Wörter helfen dir.

VAMPIRE

Ein Zahnarztbesuch

jammern sich wundern erwidern antworten fragen
vorschlagen meinen gestehen erklären klagen bitten

1 Schreibe das Gespräch auf. Verwende vorangestellte und nachgestellte Begleitsätze. Achte auf die richtigen Satzzeichen.

Nächtliche Reise

1 Schreibe die Verbformen aus den Wolken an die richtige Stelle.

Die Gruft der Vampire

Wessen Schlafsack liegt auf dem Sarg? – der Schlaf-
sack des Großvaters

1 Schreibe die Fragen von Jonas und die Antworten von Viktor auf. Die Wörter auf dem Sarg und der Uhr helfen dir. Unterstreiche die Nomen im Wessen-Fall.

Knoblauchgenuss

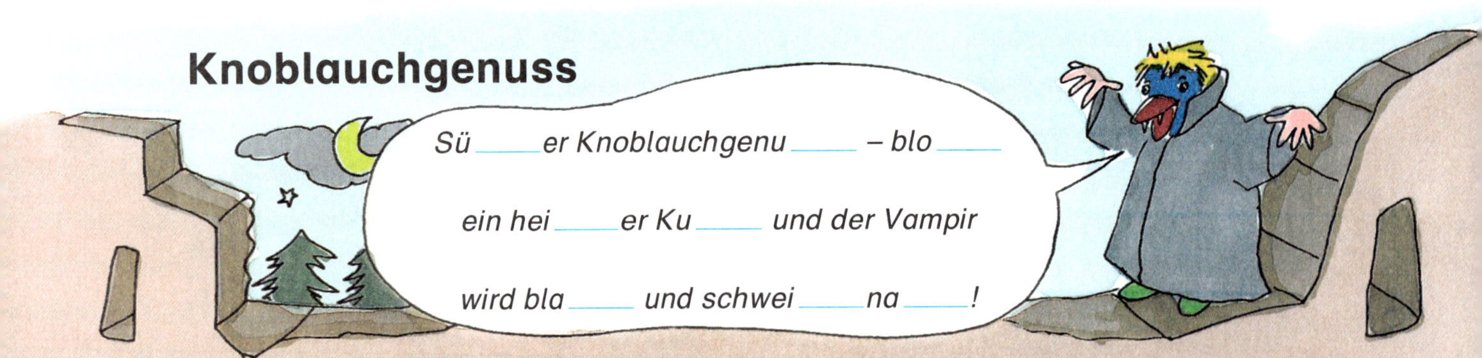

z	e	r	r	e	i	ß	e	n	U	V	Y	F	l	o	s	s	e	m	b	J	D	f	E	s
r	i	s	s	i	g	O	m	R	e	i	ß	z	a	h	n	T	x	g	i	e	ß	e	n	g
f	k	H	I	d	r	e	i	ß	e	n	J	E	I	O	G	i	e	ß	e	r	e	i	Z	i
I	J	h	G	i	e	ß	k	a	n	n	e	d	z	x	g	e	f	l	o	s	s	e	n	u
o	I	b	s	E	Z	u	c	k	e	r	g	u	s	s	f	l	ü	s	s	i	g	ß	i	ß
s	b	t	f	l	i	e	ß	e	n	J	e	g	e	g	o	s	s	e	n	u	x	e	K	e
s	R	e	i	ß	v	e	r	s	c	h	l	u	s	s	F	l	u	s	s	y	S	n	A	n

1 Setze ss und ß richtig in Quiesels Sprechblase ein.

2 Suche zu den farbigen Wörtern aus dem Gitter immer die vier passenden Wörter aus der gleichen Wortfamilie. Unterstreiche sie in derselben Farbe.

3 Suche dir eine Wortfamilie aus und schreibe alle Wörter auf.

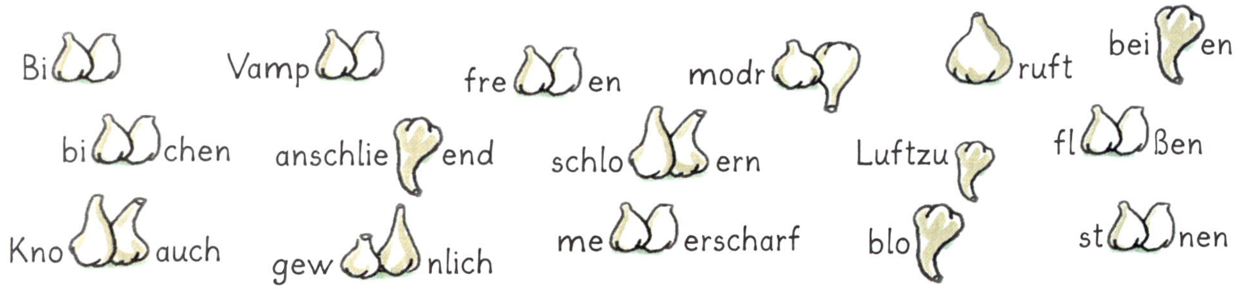

4 Schreibe alle Wörter richtig auf. Schreibe bei den Nomen auch die Artikel dazu.

5 Kontrolliere die Wörter mit der Wörterliste oder dem Wörterbuch.

BEWEGUNG

Könner auf zwei Rädern

1 Trenne die Wörter mit Strichen ab.

2 Markiere immer das Satzende mit einem Strich in einer anderen Farbe.

3 Schreibe den Text auf. Entscheide, welche Satzzeichen du setzen musst und schreibe die Nomen und die Satzanfänge groß.

Beim Sport

Die Schwimmhalle ist neu. Das Sprungbrett der Halle ist hoch. Tim steigt die Leiter hinauf. Er erreicht das Sprungbrett. Tim winkt Laura. Die Pfeife des Lehrers ertönt. Nun fehlt dem Jungen der Mut zum Sprung. Seine Freundin tröstet ihn mit einem Eis.

Wer oder was ist neu? – die Schwimmhalle

1 Stelle fest, in welchem Fall die unterstrichenen Wörter stehen. Schreibe dazu die Fragen und die Antworten auf.

__________ ist schräg in die Sprossenwand eingehängt. Auf ihr müssen sich __________ nach oben ziehen. Dann klettern sie an __________ hinab. Die Reifen auf __________ stellen Inseln dar. Die dicken Taue an __________ sind Lianen. Die Knoten __________ dienen als Fußstützen. Mit __________ springt man auf den Kasten. Von hier aus balanciert man auf __________ zur Bodenmatte.

2 Trage die Wörter im richtigen Fall in den Text ein. Achte darauf, ob du die Einzahl oder die Mehrzahl verwenden musst. Vergiss auch die Artikel nicht.

Der neue Spielplatz

„Treffpunkt Sp__lw__se?“, fragte Lars __n d__ Runde. „Klar, d__ v__r neuen Geräte s__nd s__cher schon aufgebaut“, r__f Anne. Auf dem Sp__l-platz best__gen d__ K__nder neug__r__g das Klettergerüst. „Z__ml__ch hoch!“, meinte Anne und beugte s__ch t__f über d__ obere Stange. Lars zog s__ m__t einem kräft__gen Ruck zurück. „N__mand hat gesagt, dass du h__nabfl__gen sollst!“, gr__nste er.

1 Setze *i* oder *ie* ein und schreibe den Text ab.

Der Wettlauf führt vom Start zum ______,

ich esse gerne Eis am ______.

Bist du sehr groß, nennt man dich ______,

Fußball spielt man auf der ______.

Komm, wir wollen Handball ______,

beim Torwurf musst du sehr gut ______.

Du liegst gemütlich auf der ______,

plötzlich ärgert dich die ______.

2 Löse das Rätsel. Lösungswort:

1	2	3	4	5	6	7	8	9	10

Sportsprache

Profi=

1 Schreibe zu den Fremdwörtern vom Schwebebalken die Erklärungen.

				k						b										l					
			s											r							t				
						g															c				
			a										ö						s						l
	r								a										i						
			r																						

2 Trage die Wörter vom Tuch richtig in die Felder ein.

KLASSENZEITUNG

Sportbericht

Zum Fußballturnier der Grundschulen hat jede Schule ihre beste Mannschaft geschickt. Es sind viele tolle Tore gefallen. Unsere Mannschaft hat einen guten dritten Platz erreicht. Gewonnen hat die Diesterweg-Schule. Der Bürgermeister hat den Pokal überreicht. Es ist alles fair verlaufen.

1 Unterstreiche immer die beiden Teile des Prädikats rot.

zusammengesetzte Vergangenheit	einfache Vergangenheit
sie hat geschickt	sie schickte
es	
sie	
sie	
er	
es	

2 Trage die Verben aus der Sprechblase in die Tabelle ein. Setze sie in die einfache Vergangenheit.

Zum Fußballturnier der Grundschulen schickte

3 Schreibe den Bericht vom Fußballturnier für die Zeitung auf. Finde auch eine passende Überschrift.

Zeitungssprache

Beitrag in einer Zeitung
Das Bild auf dem Deckblatt
Dort arbeiten die Redakteure.
Geschichte
Er schreibt die Artikel.

sachliche Information über ein Ereignis
Fotos in den Computer einlesen
Überschrift in großen Buchstaben
Befragung
Bildergeschichte mit Sprechblasen

jemand, der von Ereignissen direkt berichtet
Anordnung von Texten und Bildern
Werbung in einer Zeitung
Er macht die Bilder.

Redaktion Fotograf Journalist Bericht Interview Schlagzeile Reporter Comic Story Layout einscannen Annonce Artikel Titelbild

1 Löse das Rätsel mit den Wörtern aus dem Kasten.

2 Das Lösungswort heißt:

1	2	3	4	5	6	7	8	9	10	11	12	13	14

5:

6: 10:

7:

8: 11:

9:

3 Schreibe die Wörter aus dem Kasten nach der Anzahl der Buchstaben auf.

Zeitungsrätsel

1 Schreibe die Botschaft richtig auf. Achte auf die Großschreibung.

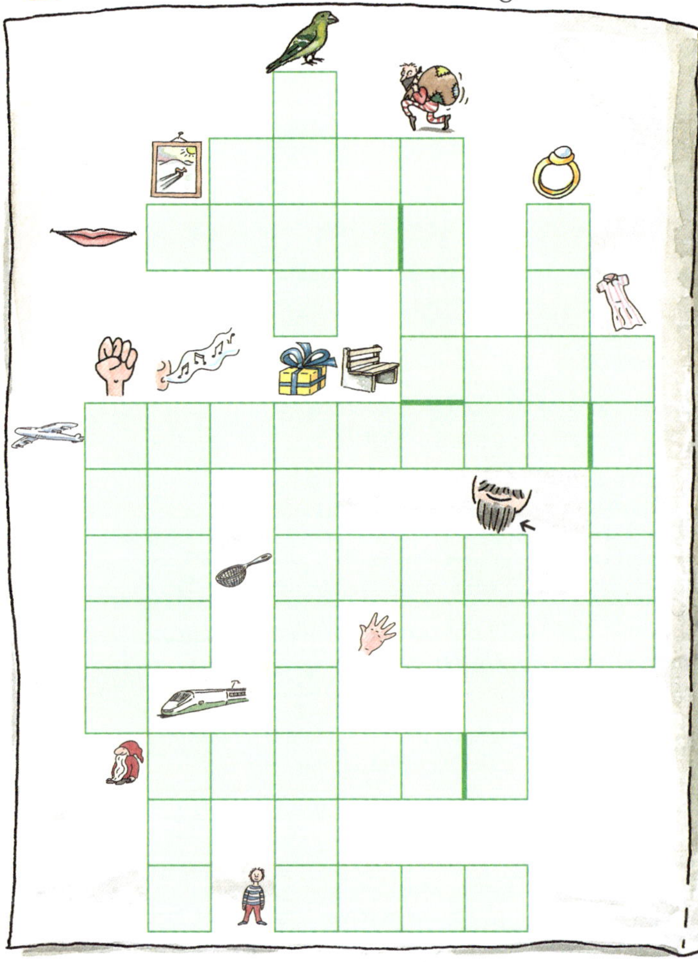

__pfel	l__ben	L__ser
Kl__ber	m__chtig	m__hr
n__ben	br__msen	k__mmen
F__der	G__nse	__ssen
m__nnlich	F__den	f__rben

2 Löse das linke Rätsel. Gesucht sind Wörter mit *d*/*t*, *g*/*k* oder *b*/*p* am Wortende.

Apfel – Äpfel, Kleber,

3 Entscheide, ob du *e* oder *ä* einsetzen musst. Suche zu jedem Wort mit *ä* ein verwandtes Wort mit *a* und schreibe beide Wörter auf.